MOPS

Malik · Cauvin

Cupidon

ARC EN CIEL

COULEURS : LAURENT

DUPUIS

D. 1993/0089/7
ISBN 2-8001-1989-6 — ISSN 0776-2941

Imprimé en Belgique.

FILLE À MARIER

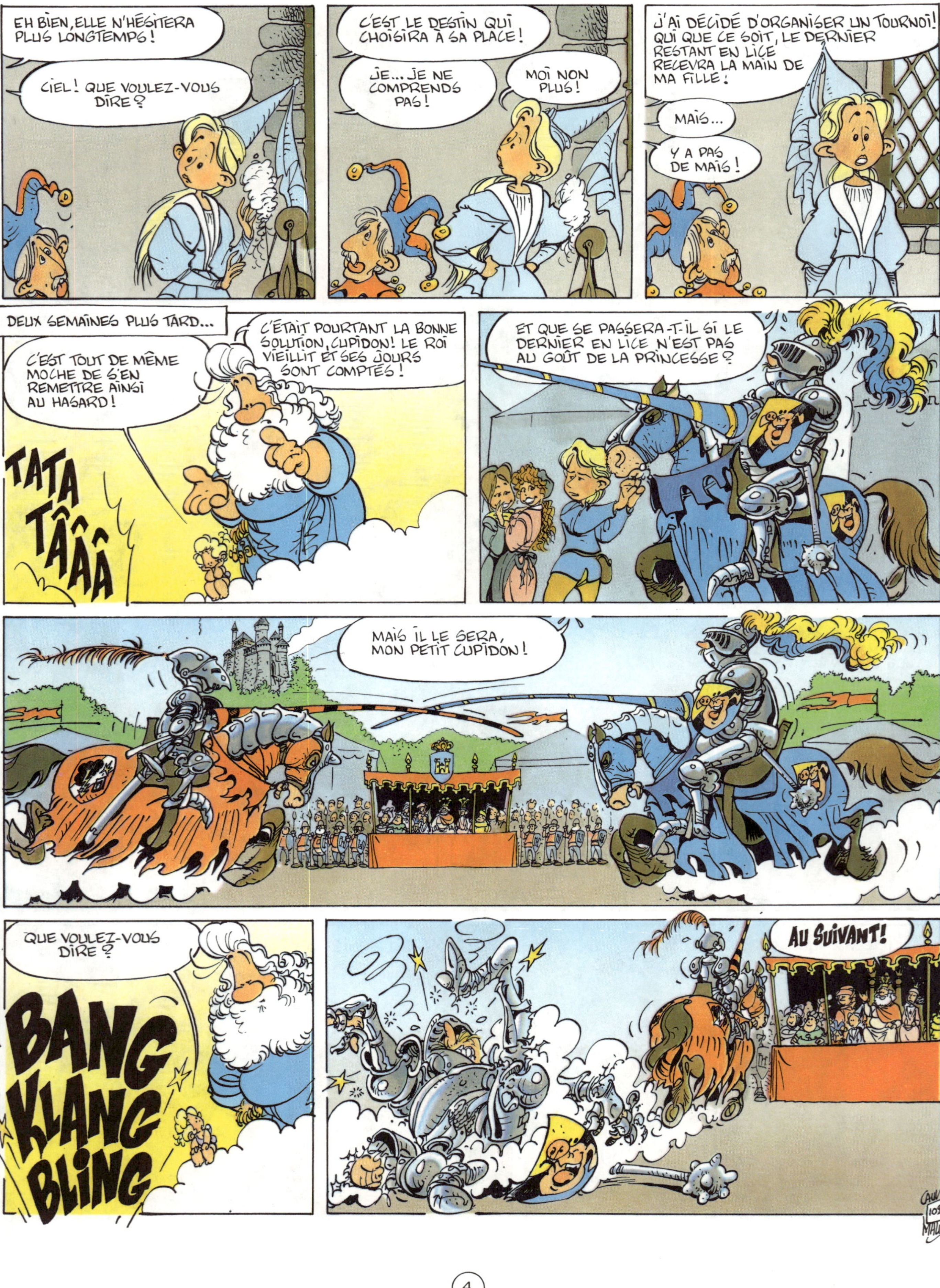
EH BIEN, ELLE N'HÉSITERA PLUS LONGTEMPS !
CIEL ! QUE VOULEZ-VOUS DIRE ?
C'EST LE DESTIN QUI CHOISIRA À SA PLACE !
JE... JE NE COMPRENDS PAS !
MOI NON PLUS !
J'AI DÉCIDÉ D'ORGANISER UN TOURNOI ! QUI QUE CE SOIT, LE DERNIER RESTANT EN LICE RECEVRA LA MAIN DE MA FILLE !
MAIS...
Y A PAS DE MAIS !
DEUX SEMAINES PLUS TARD...
C'EST TOUT DE MÊME MOCHE DE S'EN REMETTRE AINSI AU HASARD !
C'ÉTAIT POURTANT LA BONNE SOLUTION, CUPIDON ! LE ROI VIEILLIT ET SES JOURS SONT COMPTÉS !
TATA TÂÂÂ
ET QUE SE PASSERA-T-IL SI LE DERNIER EN LICE N'EST PAS AU GOÛT DE LA PRINCESSE ?
MAIS IL LE SERA, MON PETIT CUPIDON !
QUE VOULEZ-VOUS DIRE ?
BANG KLANG BLING
AU SUIVANT !

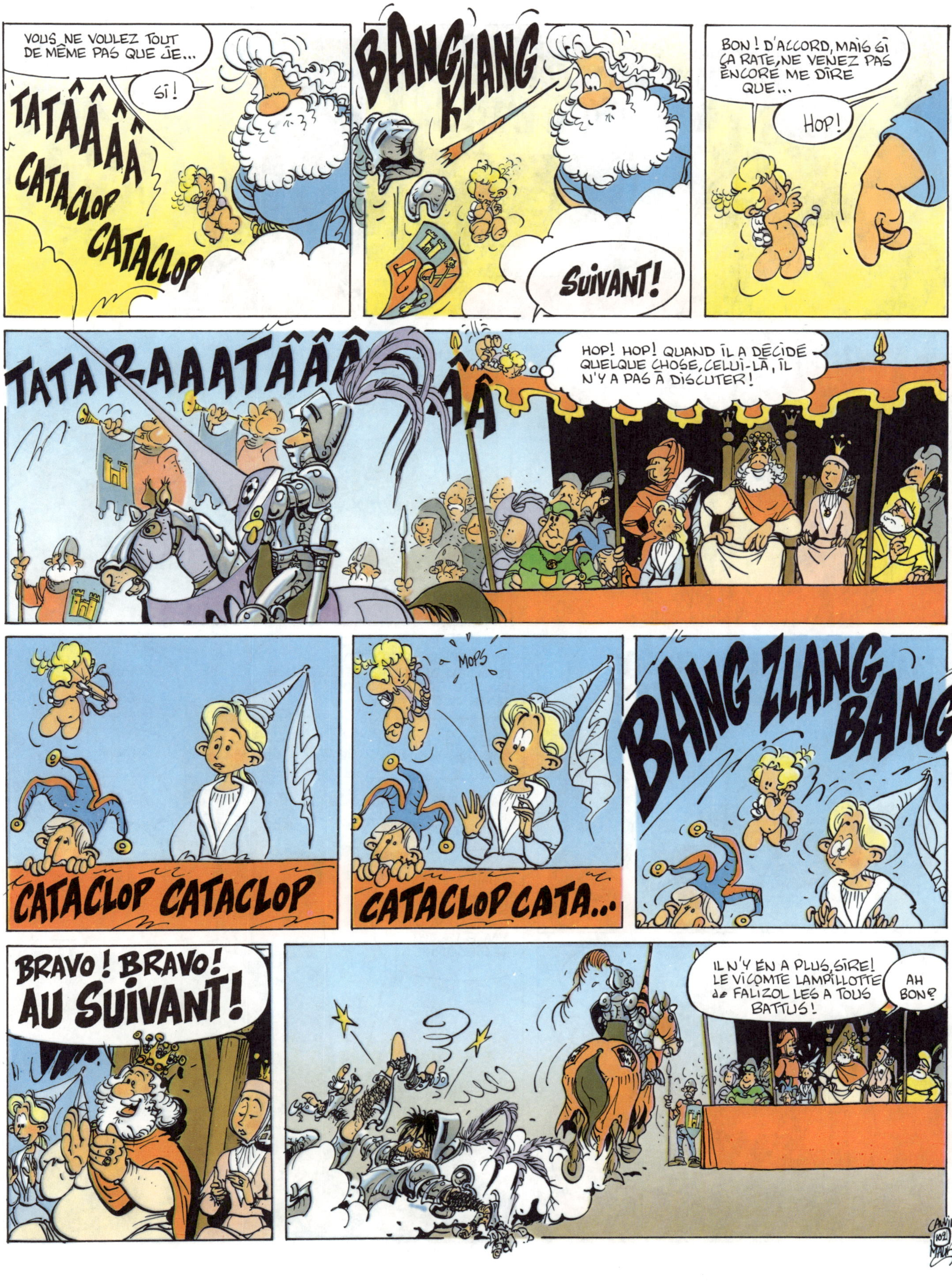
VOUS NE VOULEZ TOUT DE MÊME PAS QUE JE...
SI !
TATÂÂÂÂÂ
CATACLOP
CATACLOP
BANG
KLANG
SUIVANT !
BON ! D'ACCORD, MAIS SI ÇA RATE, NE VENEZ PAS ENCORE ME DIRE QUE...
HOP !
TATA RAAATÂÂÂÂÂ
HOP ! HOP ! QUAND IL A DÉCIDÉ QUELQUE CHOSE, CELUI-LÀ, IL N'Y A PAS À DISCUTER !
CATACLOP CATACLOP
MOPS
CATACLOP CATA...
BANG ZLANG BANG
BRAVO ! BRAVO ! AU SUIVANT !
IL N'Y EN A PLUS, SIRE ! LE VICOMTE LAMPILLOTTE de FALIZOL LES A TOUS BATTUS !
AH BON ?

DANS CE CAS, JE DÉCLARE DONC LE VICOMTE LAMPILLOTTE de FALIZOL...
??
??
EE EH...? MAIS...
BLANBLINKEBLANG KLING
???
DIEU DU CIEL, QUE LUI ARRIVE-T-IL?
L'ÉMOTION SANS DOUTE, SIRE! SON COEUR A LÂCHÉ!
MAIS ALORS, IL NE RESTE PLUS PERSONNE EN LICE?
SI FAIT, SIRE...
...SON CHEVAL!
?!
MAIS ENFIN, CHER ÉPOUX, COMBIEN DE TEMPS PENSEZ-VOUS ENCORE RESTER AU FOND DE CETTE OUBLIETTE?
JUSQU'À CE QU'ELLE ME DONNE UN HÉRITIER!
ÇA RISQUE D'ÊTRE LONG! ELLE NE VEUT PLUS VOIR PERSONNE!
OUAIS, MÊME QU'ELLE AURAIT QUITTÉ LE CHÂTEAU POUR VIVRE DANS LES ÉCURIES...
CUPIDON! VA VOIR CE QUE TU PEUX FAIRE!
AH NON!
AH SI!
C'EST BON, C'EST BON. J'Y RETOURNE...
FIN

PAS PRESSÉ

AH, IL A BOUGÉ !
TU CROIS ?
OUI ! IL A AVANCÉ AU MOINS D'UN BON CENTIMÈTRE !
CUPIDON, ES-TU BIEN SÛR DE LUI AVOIR DÉCOCHÉ UNE FLÈCHE ?
SÛR ET CERTAIN !
A-T-IL AU MOINS APERÇU LA FEMELLE ?
BEN TIENS ! MAIS VOUS CONNAISSEZ LES PARESSEUX : ILS AIMENT À PRENDRE TOUT LEUR TEMPS !

ÇA LUI FAIT TOURNER LA TÊTE...

SANS MOI, VOUS SERIEZ MORT NOYÉ...
PLOUITCH
MAIS GRÂCE À MOI, VOS COMPAGNONS VOUS RAMENÈRENT À BORD, SAIN ET SAUF !
?
...UN JOUR, LE CHRIST VINT À VOUS...
PIERRE, LAISSE TOMBER TES FILETS ET SUIS-MOI ! JE TE FERAI PÊCHEUR D'HOMMES...
?
...SANS HÉSITER, VOUS AVEZ PLANTE LA FILETS ET HAMEÇONS...
...VOUS L'AVEZ SUIVI...
...ET D'AUTRES ENCORE... IL PRÊCHAIT À LONGUEUR DE JOURNÉE, ET TOUS DE L'ÉCOUTER AVEC RECUEILLEMENT, CAR C'ÉTAIT LA PAROLE DE DIEU...
À UN CERTAIN MOMENT, ENTRE DEUX SERMONS, VOUS LUI AVEZ DIT :
SEIGNEUR, QUOI QU'IL ARRIVE, VOUS POURREZ TOUJOURS COMPTER SUR MOI...
ALLONS DONC, PIERRE...
UN JOUR VIENDRA, AVANT QUE LE COQ NE CHANTE, OÙ TU M'AURAS RENIÉ TROIS FOIS !
MOI !?
AHAHAHAHAH AH...
ÇA JAMAIS ! JE VOUS LE JURE, SEIGNEUR !

SERMENT D'IVROGNE, PARCE QUE LE SOIR DE LA PASSION...
MOÂÂ... AH NON NON NON ! JE NE LE CONNAIS PAS !
TU EN ES BIEN SÛR !?
PUISQUE JE VOUS LE DIS !
POURTANT, ON T'A VU SOUVENT AVEC LUI !
CE N'ÉTAIT PAS MOI ! JE VOUS LE JURE !
COCORICOOOOo
ET PUIS, VOUS AVEZ DISPARU, GÊNÉ ET CONFUS...
LE COQ AUSSI, D'AILLEURS ! ON N'A JAMAIS SU CE QU'IL ÉTAIT DEVENU.
EUH... HM... CONTINUE...
OH, BIEN SÛR, VOUS AVEZ ASSISTÉ À LA CRUCIFIXION, MAIS DE LOIN. VOUS AVIEZ HONTE DE VOUS...
LE SOIR, ET LES JOURS SUIVANTS, VOUS VOUS ÊTES CLOÎTRÉS AVEC LES AUTRES APÔTRES, PAS FIERS POUR UN SOU DE L'AVOIR LAISSÉ TOMBER...
EN TOUT CAS, MOI, J'AI PAS DIT QUE JE NE LE CONNAISSAIS PAS.
FACILE ! ON T'AVAIT RIEN DEMANDÉ.

MAIS LE SEIGNEUR DANS SA BONTÉ VOUS A ENVOYÉ L'ESPRIT-SAINT...
ET C'EST À PARTIR DE CE MOMENT-LÀ QUE VOUS VOUS ÊTES RÉPANDUS SUR LES ROUTES, DIFFUSANT LA PAROLE DU CHRIST !
D'HUMBLE PÊCHEUR, VOUS ÊTES DEVENU D'ABORD CHEF DES APÔTRES...
PREMIER PAPE DE ROME...
ET APRÈS VOTRE MARTYRE, VOUS ÊTES MONTÉ TOUT DROIT AU CIEL OÙ VOUS ÊTES DEVENU DÉPOSITAIRE DES CLEFS DU ROYAUME CÉLESTE...
?
MAIS ?! MAIS QU'EST-CE QUE !?
?
TOUT LE MONDE AU TRAVAIL, ET QUE ÇA SAUTE !
J'AI HORREUR DE LES VOIR À NE RIEN FAIRE !
QUEL PSAUME ON RÉPÈTE AUJOURD'HUI ?
LE 23.
J'AI HORREUR DES PARVENUS ! FAUT TOUJOURS QU'ILS ATTRAPENT LA GROSSE TÊTE !
TU L'AS DIT...
CAUVIN 103 D. MALIK

UN PETIT BOUT DE FEMME

PROPRIÉTÉ PRIVÉE

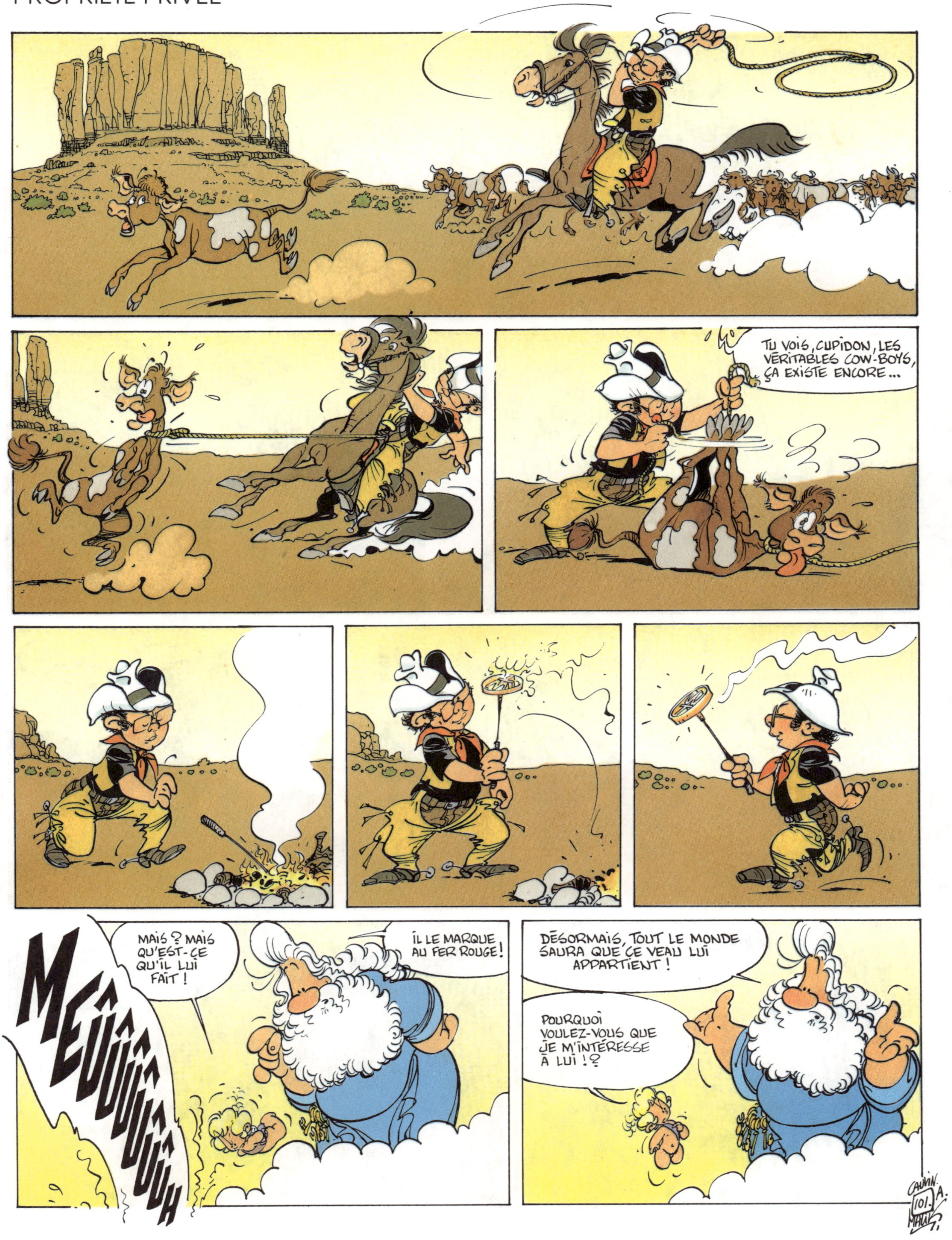

JUSQU'ICI, IL A VÉCU EN CÉLIBATAIRE...
BEN... ET ALORS, S'IL EST HEUREUX COMME ÇA...
L'HOMME N'A PAS ÉTÉ CRÉÉ POUR VIVRE SEUL, CUPIDON ! VA ET OCCUPE-T'EN...
FINI LA BELLE VIE, MON VIEUX !
ET GARDE TES COMMENTAIRES POUR TOI, VEUX-TU ?
OUI, St PIERRE !
MOPS
ÇA A MARCHÉ !?
JE CROIS, OUI !
?!
OUAAAAAAH
MAIS... MAIS QU'EST-CE QU'IL FAIT ?
SANS DOUTE COMME POUR LES VEAUX...
À PRÉSENT, TOUT LE MONDE SAURA QUE CETTE FEMME EST À LUI !
À VRAI DIRE, JE NE VOYAIS PAS TOUT À FAIT LES CHOSES DE CETTE FAÇON-LÀ !
CAUVIN. 101. B. MAUK.

ORAGE IMPRÉVU

FAUT CE QU'IL FAUT...

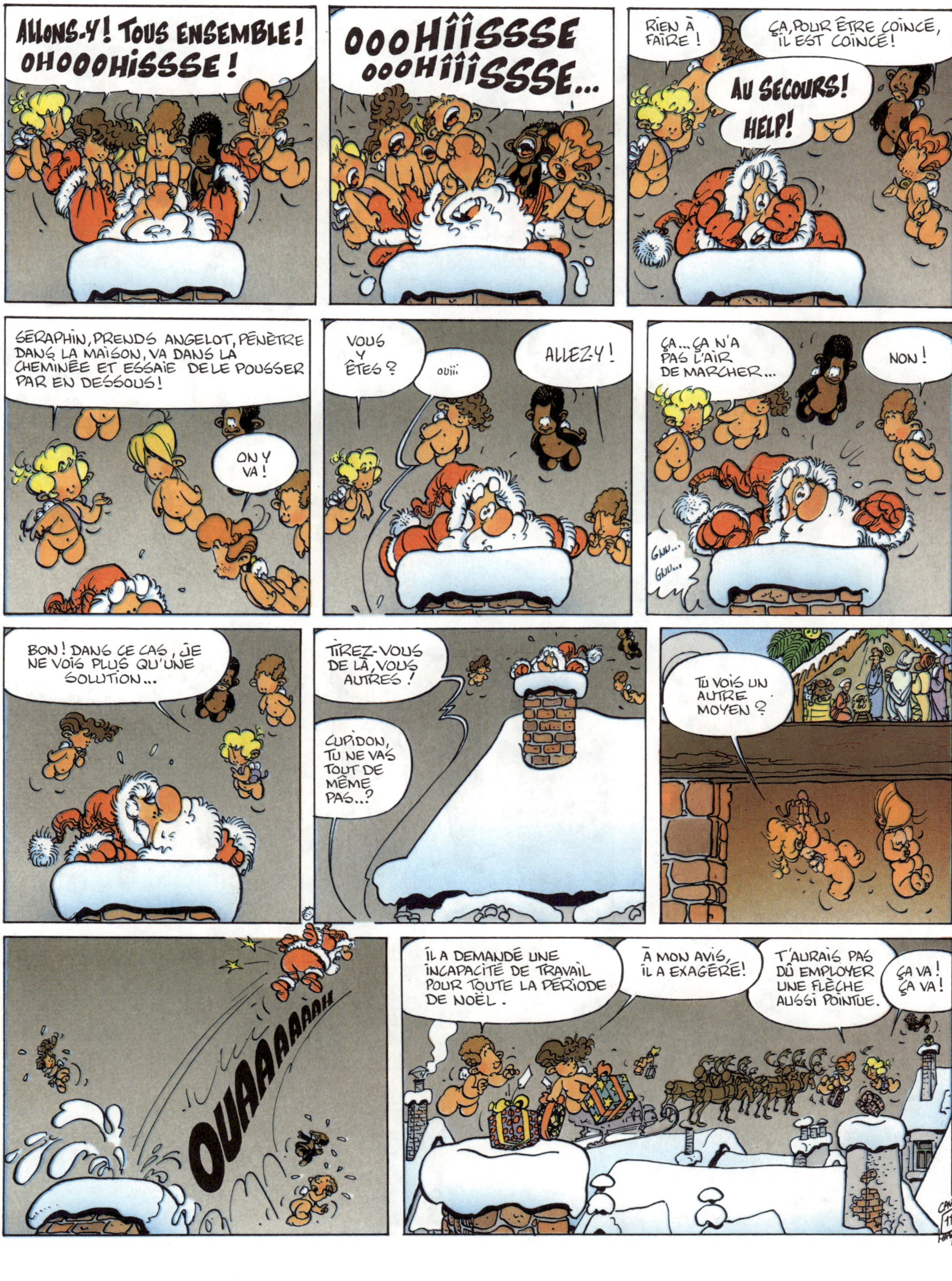

ALLONS-Y! TOUS ENSEMBLE! OHOOOHISSSE!
OOOHÎÎSSSE OOOHÎÎÎSSSE...
RIEN À FAIRE!
ÇA, POUR ÊTRE COINCÉ, IL EST COINCÉ!
AU SECOURS! HELP!
SÉRAPHIN, PRENDS ANGELOT, PÉNÈTRE DANS LA MAISON, VA DANS LA CHEMINÉE ET ESSAIE DE LE POUSSER PAR EN DESSOUS!
ON Y VA!
VOUS Y ÊTES?
OUIII
ALLEZ-Y!
ÇA... ÇA N'A PAS L'AIR DE MARCHER...
NON!
GNN... GNN...
BON! DANS CE CAS, JE NE VOIS PLUS QU'UNE SOLUTION...
TIREZ-VOUS DE LÀ, VOUS AUTRES!
CUPIDON, TU NE VAS TOUT DE MÊME PAS...?
TU VOIS UN AUTRE MOYEN?
OUAAAAAAAH
IL A DEMANDÉ UNE INCAPACITÉ DE TRAVAIL POUR TOUTE LA PÉRIODE DE NOËL.
À MON AVIS, IL A EXAGÉRÉ!
T'AURAIS PAS DÛ EMPLOYER UNE FLÈCHE AUSSI POINTUE.
ÇA VA! ÇA VA!

TOUT BIEN RÉFLÉCHI...

GAG EN CHUTE LIBRE

ENFIN, IL A BIEN UN PARACHUTE DE SECOURS !
NON !
IL VA BEAUCOUP TROP VITE ! IL RISQUE D'ARRIVER TROP TÔT...
ALLEZ-Y, VOUS AUTRES !
PÂÂÂRFAIT ! ATTENTION... 8...7...6... 5...4...
?!
3...2...1... O.K. LÂCHEZ TOUT !
BLAF
TIP TOP !
JUSTE À L'HEURE !
À VRAI DIRE, J'AI CONFONDU MON PARACHUTE AVEC MON SAC À DOS !
CETTE NÉGLIGENCE A FAILLI VOUS COÛTER CHER ! POUR UN PEU, VOUS MOURIEZ DIX SECONDES PLUS TÔT !
TOC TOC
CAUVIN 105 MALIK B.

AMOURS DE PLEINE LUNE

* HOMME-LOUP (OU PLUS COURAMMENT, LOUP-GAROU)

CETTE NUIT-LÀ, IL Y EUT DES MOUTONS ÉGORGÉS ET QUELQUES BERGERS MÉCONTENTS...
MILLE MILLIARDS DE
HOUAOUHOUHOUUUHOUUU
QUAND IL REVINT LE LENDEMAIN MATIN, IL AVAIT REPRIS SON APPARENCE HUMAINE... ALLAIT-ELLE SOMBRER DANS LE PLUS PROFOND DÉSESPOIR ?
NON! ELLE LUI SERVIT SON REPAS COMME À L'ACCOUTUMÉE...
QUOI, TU N'AIMES PAS MON GIGOT ?
J'AI PAS FAIM.
ET LA NUIT DE PLEINE LUNE SUIVANTE, ELLE LUI OUVRIT LA PORTE, DE PEUR QU'IL NE SE BLESSE EN PASSANT PAR LA FENÊTRE.
ET SURTOUT, SOIS PRUDENT.
ET CETTE NUIT-LÀ, IL Y EUT ENCORE DES MOUTONS ÉGORGÉS ET QUELQUES BERGERS PAS CONTENTS DU TOUT!
MILLE MILLIARDS DE
HOUHOUUUUUUUU
QUELQUE TEMPS PLUS TARD NAQUIRENT LES ENFANTS...
LES ENFANTS ?
OUI, DES JUMEAUX! UNE FILLE ET UN GARÇON...
CETTE NUIT-LÀ FUT UNE NUIT DE PLEINE LUNE...
UN INSTANT, CHÉRI, IL N'Y A PAS LE FEU, QUOI...
GRRAUWWW GRRRRR
GRRR GRRR

OH NOOON!
GRRR
SURVEILLE-LE BIEN, QU'IL NE LUI ARRIVE RIEN...
ARHEÛÛ
J'ARRIVE, MA CHÉRIE, J'ARRIVE.
CETTE NUIT-LÀ VIT ENCORE PÉRIR DES MOUTONS ET HURLER DES BERGERS...
HOUUUUUHOUWWW
CEUX-CI, EXCÉDÉS, FINIRENT PAR SE FÂCHER ET DÉCIDÈRENT DE SUPPRIMER CES MONSTRES...
MON DIEU, CUPIDON, FAIS QUELQUE CHOSE! ILS VONT LES MASSACRER...
LA FAUTE À QUI ?
TU CROIS VRAIMENT QUE C'EST LE MOMENT DE DISCUTER DE QUI A RAISON OU QUI A TORT ?
C'EST BON, JE VAIS VOIR CE QUE JE PEUX FAIRE! MAIS CE N'EST PAS POUR VOUS, C'EST POUR EUX!
JE ME PRÉCIPITAI DANS MON NUAGE-LABORATOIRE...
CAUVIN. 104. D. MALIK.

ET TREMPAI MES FLÈCHES DANS LA PREMIÈRE PRÉPARATION VENUE...
PUIS JE DESCENDIS SUR TERRE ! IL ÉTAIT TEMPS !
DEPUIS, LES NUITS DE PLEINE LUNE, ILS SE TRANSFORMENT EN HIBOUX. ILS N'ÉGORGENT PLUS LES MOUTONS, MAIS BOUFFENT LES MUSARAIGNES, ET LES BERGERS SONT CONTENTS.
HOUOUHOUUUU
HOUUU
ET À MOI, ÇA ME LAISSE TOUT LE TEMPS DE RECHERCHER UN AUTRE PHILTRE QUI LEUR PERMETTRA, ENFIN, DE VIVRE COMME LES AUTRES HUMAINS.
ALORS ? ÇA VIENT ?
JE VAIS LE TRANSFORMER EN HIBOU, JE TE DIS ! EN HIBOU !
VOYONS, CUPIDON, CALME-TOI ! DE TOUTE FAÇON, TU SAIS BIEN QUE TES FLÈCHES N'ONT AUCUN EFFET SUR LUI !
MAIS QU'EST-CE QUE J'AI DIT ? QU'EST-CE QUE J'AI DIT ?
CAUVIN
104.

DES ANGES ET DES PIN'S

ALLEZ, CROCO ! ALLEZ, CROCODILE !

RENTRÉ CHEZ LUI, IL FIT TANNER LES PEAUX...
DANS CELLE DU MÂLE, IL SE FIT FAIRE UNE MAGNIFIQUE PAIRE DE CHAUSSURES...
DANS CELLE DE LA FEMELLE, UNE TRÈS JOLIE CEINTURE...
PUIS IL REVINT EN EUROPE...
CE MATIN, POUR EN METTRE PLEIN LA VUE À SES COPAINS, IL A MIS SA JOLIE CEINTURE ET CHAUSSÉ SES MAGNIFIQUES SOULIERS.
MAIS, QUAND IL EST SORTI DANS LA RUE, LA PETITE FEMELLE CAÏMAN TRANS-FORMÉE EN CEINTURE...
TABAC
S'EST AUSSITÔT PRÉCIPITÉE VERS L'ÉLU DE SON COEUR.
?
?
FLAF
?
?
FLAF
À MON AVIS, IL NE POURRA JAMAIS SORTIR QU'AVEC L'UN OU L'AUTRE, MAIS SERA-T-IL ASSEZ INTELLIGENT POUR LE COMPRENDRE UN JOUR ?
CAUVIN. 108 MALIK '91 B

AMOUR D'ÉCAILLES

UN CENTAURE ! MON DIEU, CUPIDON, QU'EST-CE QUE TU AS FAIT ?
EEEH !? JE NE POUVAIS PAS SAVOIR, MOI !
CATACLOP CATACLOP
LE CROISEMENT ENTRE UNE SIRÈNE ET UN MÉROU, CE N'ÉTAIT DÉJÀ PAS MAL, MAIS ALORS LÀ, ENTRE UNE SIRÈNE ET UN CENTAURE, ON VA DROIT À LA CATASTROPHE !
MAIS NE RESTE PAS LÀ COMME UN FRUIT CONFIT SUR UNE PLANCHE À PAIN ! FAIS QUELQUE CHOSE !
ET QU'EST-CE QUE VOUS VOULEZ QUE JE FASSE ?
D'AILLEURS, IL EST TROP TARD ! IL L'EMMÈNE !
AÏE AÏE AÏE AÏE AÏE...
COMME VOUS DITES.
?
?
AAAAH ? ON DIRAIT QUE TOUT S'ARRANGE...
POUR NOUS, OUI !
VOUS SAVIEZ, VOUS, QUE CERTAINES PERSONNES ÉTAIENT ALLERGIQUES AU POISSON ?
OUI, MÊME QUE ÇA LEUR DONNE DE L'URTICAIRE !
GRATT-GRATT
GRATT
CAUVIN 110 MALIK B.

AU TEMPS DES MOUSQUETAIRES...

AAA...
AAAA...
AAAAA...
TCHÂÂÂÂÂ
CUPIDON, ELLE... HI! HI!... ELLE VA ENCORE TENTER UN NOUVEL... HI! HI!... ESSAI.

MADEMOISELLE !
OUIII ?
HO ! HO ! AH ! AH ! ASSEZ ! ASSEZ !
HI ! HI !... TU NE CROIS PAS ... HI ! HI ! QUE TU DEVRAIS INTERVENIR ? HI ! HI !... À MON AVIS ... HII ... ELLE N'Y ARRIVERA JAMAIS ...
C'EST DOMMAGE ! POUR UNE FOIS QUE ... HI ! HI !... JE COMMENÇAIS À M'AMUSER ...
HI HI ...
EH, SAINT PIERRE, LEQUEL EST-CE QUE JE CHOISIS ?
QU'EST-CE QUE J'EN SAIS, MOI ? DÉCOCHE-LEUR UNE FLÈCHE À CHACUN ET QUE LE MEILLEUR GAGNE !
C'EST COMME SI C'ÉTAIT FAIT !
DÉPÊCHE-TOI, ELLE ARRIVE !
MOPS !
MOPS !
MOPS !

CLINK
CLIC
CLINK
CLINK
CLINK
AAAAAH!
?
MAIS...? MAIS...? QU'EST-CE QUE...?
AH ÇA, CE N'ÉTAIT PAS PRÉVU AU PROGRAMME.
ET NATURELLEMENT, C'EST ENCORE VOUS QUI EN AVEZ EU L'IDÉE.
CLINK CLINK
AAAAAH!
BLOF
VOTRE... MOUCHOIR, MADAME...
ARG
AAAARG
?
BLOF
ARGEL...
D'ACCORD, D'ACCORD, VOUS NE DEVIEZ ÊTRE MASSACRÉS QU'AU SIÈGE DE LA ROCHELLE... ET ALORS? VOUS AVEZ PRIS UN PEU D'AVANCE, VOILÀ TOUT.
SAINT PIERRE, VENEZ VOIR, ELLE A REMIS ÇA, MAIS AVEC LES GARDES DU CARDINAL, CETTE FOIS.
LAISSE TOMBER, VEUX-TU?
CAUVIN. 113. MALIK

GROS ROUGE, AMOUR ET FANTAISIE

EN QUEUE DE POISSON

BIENTÔT, LE MOMENT TANT ATTENDU ARRIVA. LA CENTAURE ATTENDAIT UN PETIT...
YAOOÛÛÛÛH
YOUPEEE
TAGADAPTAGADAP TAGADAP...
HÉLAS, PENDANT SA PORTÉE, ELLE CONTRACTA UNE TERRIBLE MIGRAINE...
ET POUR LA FAIRE PASSER...
ELLE MANGEA LES FEUILLES DE L'ARBRE MAUDIT...
QUAND ARRIVA LE TEMPS DE LA NAISSANCE...
A...ALORS ?
ÇA VIENT ?
MINUTE QUOI...
?
HÎHÎHÎÎÎÎÎÎ
?
LA SURPRISE FUT TOTALE ! LE PETIT AVAIT UN VICE DE FORME...
HÎHÎHÎ
LE CENTAURE, ACCABLÉ, FIT UNE DÉPRESSION NERVEUSE...
NON
HÎHÎ
NOON
HÎÎÎÎÎ
NOOOON
HÎÎÎÎ

...ATTRAPA UNE FIÈVRE DE CHEVAL...
AAA...
AAAAARG
ARG...ARG...
...ET MOURUT DE HONTE ET DE DÉSESPOIR.
ARGEL
ENSUITE ?
LA CENTAURE ÉLEVA SON PETIT COMME ELLE PUT...
AVEC DES MOTS SIMPLES...
HÛÛE !
ET GENTILS...
HÔÔÔ
...COMME SEULE UNE MAMAN CENTAURE PEUT TROUVER...
BIEN, C'EST TRÈS BIEN ! À PRÉSENT, QUAND JE CRIERAI YAAA, TU TOURNES À GAUCHE, YAYAAA, TU TOURNES À DROITE !
HÉLAS, QUELQUES ANNÉES PLUS TARD, USÉE PAR SES MIGRAINES ET L'ABUS DE FEUILLES DE L'ARBRE MAUDIT, ELLE S'ÉTEIGNIT LE SOIR D'UN BEL ÉTÉ INDIEN...
HIHIIHIEEEE
À PRÉSENT, LE PETIT ÉTAIT SEUL. QU'ALLAIT-IL FAIRE ? QU'ALLAIT-IL DEVENIR ? QUI VOUDRAIT DE LUI POUR PARTAGER SA VIE ?
HIHIHI
HI
SGNIF
MAIS LE DESTIN VEILLAIT. UN JOUR QU'IL SE PROMENAIT TRISTEMENT SUR LA PLAGE...
CAUVIN 120 MALIK

IL APERÇUT, ASSISE SUR UN ROCHER, SE SÉCHANT AU SOLEIL, UNE ADORABLE SIRÈNE...
?
LE PREMIER RÉFLEXE BIEN COMPRÉHENSIBLE DE CELLE-CI FUT DE REPLONGER DANS LA MER...
C'EST À CE MOMENT-LÀ QUE J'INTERVINS...
MOPS!
ET UNE FOIS ENCORE, LE GRAND MIRACLE S'ACCOMPLIT...
SPLATCH
SPLATCH
SPLATCH
C'EST MAGNIFIQUE ! ET ENSUITE, QUE S'EST-IL PASSÉ ?
ILS DISPARURENT DANS LA GRANDE BLEUE. ON NE LES REVIT JAMAIS. MAIS JE SAIS QU'ILS FURENT HEUREUX ET QU'ILS EURENT BEAUCOUP D'ENFANTS...
À PRÉSENT, JE SAIS POURQUOI ON NE RENCONTRE PLUS DE CENTAURES SUR LA TERRE...
ET MOI, POURQUOI IL Y A TANT D'HIPPOCAMPES DANS LA MER.
CAUVIN 120 D. MAUR

LE CRI DU CERF AU FOND DES BOIS...

COUSIN, COUSINE

EEEH!
?
STOP!
?
STOP, J'AI DIT!
AÏE, VOILÀ QU'ILS REMETTENT ÇA!
?
CUPIDON DÉPÊCHE-TOI!
?
JE FAIS CE QUE JE PEUX!
C'EST PAS ENCORE ASSEZ!
VIIIIITE!
?
C'EST ÇA! ON SE CALME! ON SE CAAALME...
?
ON SE CALME, J'AI DIT!
CUPIDOOOON...
RÉSISTE, SÉRAPHIN, RÉSISTE!

MAIS JE NE FAIS QUE ÇA !
AH, ÇA SUFFIT COMME ÇA, MAINTENANT !
?
?
AH NON ! AH NON !
NOOON, J'AI DIT NON !
AU SECOUUUUURS ! HEEEEELP ! À MOÂÂÂÂÂ BÊRK BÊRK BÊRK
VOILÀ ! J'AI TERMINÉ ! J'ARRIVE !
SÉRAPHIN, OÙ ES-TU ?
ICIIIII FAIS QUELQUE CHOSE ! J'ÉTOUFFE !
LUCIEN !
MOPS !
ARHEÛÛÛ ARHEÛÛÛÛ RHEÛÛÛÛ
JEAN... JEANNINE... ?
JE... JE NE SAIS PAS CE QUI M'A PRIS !
MOPS !
KOFF ! KOFF ! KOFF !
C'EST TRÈS BIEN, CUPIDON, MAIS LA PROCHAINE FOIS, REGARDES-Y À DEUX FOIS !
LA PROCHAINE FOIS, JE NE M'EN MÊLERAI PLUS ! JE LAISSERAI FAIRE LA NATURE !
SAINT PIERRE, POURQUOI SÉRAPHIN IL EST TOUT BLEU ?
ÇA VA, ÇA VA.
CAUVIN. 119 MALIK

HISTOIRE TIRÉE PAR LES CHEVEUX

LES RESCAPÉS DU DÉSERT

C'EST MALIN ! ET À PRÉSENT, QUI VEUX-TU QUI BÉNISSE LEUR UNION ?
PERMETTEZ QUE JE ME PRÉSENTE. JEAN DUBOIS, JÉSUITE ! J'ÉTAIS VENU ÉVANGÉLISER LES TOUAREGS QUAND JE ME SUIS PERDU DANS LE DÉSERT...
VOUS TOMBEZ BIEN ! SI VOUS POUVIEZ...
MAIS AVEC PLAISIR.
MONSIEUR PATRICK, VOULEZ-VOUS...
OUI !
ET VOUS, MELLE SOPHIE, VOULEZ-V...
OUI !
JE VOUS DÉCLARE MARI ET FEMME !
ET À PRÉSENT, SI VOUS PERMETTEZ...
IL SE PASSE QUAND MÊME DE DRÔLES DE CHOSES DANS CE DÉSERT...
CAUVIN
MALIK

BAISER EXPLOSIF

PRINTED IN BELGIUM BY
proost
INTERNATIONAL BOOK PRODUCTION

MOPS